NUNCA TE SALVARÍA DEL MAR

LA CALLE

NUNCA TE SALVARÍA DEL MAR
© Antonia López Valera
Diseño de portada: Dpto. de Diseño La Calle

Iª edición

© Editorial La Calle, 2024.

Editado por: Editorial La Calle
c/ Cueva de Viera, 2, Local 3
Centro Negocios CADI
29200 Antequera (Málaga)
Teléfono: 952 70 60 04
Fax: 952 84 55 03
Correo electrónico: editoriallacalle@editoriallacalle.com
Internet: www.editoriallacalle.com

ISBN: 978-84-19519-26-9
Depósito Legal: MA 2284-2024

Impresión: PODiPrint
Impreso en Andalucía – España

Nota de la editorial: ExLibric pertenece a Innovación y Cualificación S. L.

ANTONIA LÓPEZ VALERA

NUNCA TE SALVARÍA DEL MAR

Editorial La Calle
ANTEQUERA 2024

A quienes atraviesan mi vida.
A mi familia no elegida y elegida.
A la chica del mar.

ÍNDICE

LOCI (PL. 'LUGARES')

Se llega a los lugares, no
por carretera, no por barco
ni siquiera surcando cielos.

Los lugares te atrapan, te dicen
cuándo llegar, cuándo marcharte.

Llevas tanto inventando si
eres turista, residente o caminante
que olvidaste, como completa
idiota, que no eliges
el lugar,
ni el momento, ni el modo.

Los lugares te acogen, te
encienden, te calman.

Dibujan la sonrisa que hace
mucho olvidaste y se
ríen de tus fotos imperfectas.

Siempre con Ítaca en la mente
te olvidaste de la magia
de quien te rodea y hace

de ese lugar algo cada vez
tan distinto, como tu mirada,
como tus pies gastados.

Entonces,
das la mano a otras miradas,
con otros pies y los mismos lugares.

Y decimos cuando vuelva a
viajar, sin entender que ya
hemos llegado a tantos
lugares, tantos, tantos
como personas
cruzan tu alma.

MAR

He oído al mar impenetrable
romper a lo lejos con un susurro.
Se ha metido en mis pensamientos
como una rima, como un instante.

El faro amaba en suspenso,
avisaba del riesgo ambulante
con acento cansado, con luz intermitente
entre el ruido y mi velocidad.

Había aprendido a desplazarme
entre las creencias y los sueños
y no supe descifrar el mensaje del mar,
demasiado tarde para esta intoxicación
irreversible.

La rapidez se tejía con la realidad,
la realidad con la angustia,
la angustia con el lecho,
con la memoria.

Me ha tragado el mar.

MEMORIA

Me duele la memoria,
ancla y timón del navegante,
tierra firme que me habita
ajena al paso del tiempo.

Me duele la memoria,
tanto que enfurece mi sentido
hasta ahogar al manipulador
silencioso que se yergue
tan dentro de mi costado.

Me duele la memoria,
dolor que voltea mi cuerpo,
que estruja las entrañas,
dolor, postura incómoda,
llaga abierta, cansancio febril.

Síntoma, eso sí, de seguir viva
remediando el olvido,
palabras dictadas de la memoria.

LUZ

Luz derramada en mi interior,
luz amarilla de la mañana,
luz de películas de otra época,
luz de después de hacer el amor.

Luz derramada, otra luz
que escondió las lágrimas
de palabras feroces y gestos inquietos,
de silencios raros y devastadores.

PALABRA

La palabra acompaña mi desnudez
en medio de un silencio amargo
que dibuja tu cuerpo frágil
y juega con tu boca volcán.

La palabra se reinventa,
caricia que cosquillea
pensamientos íntimos que revientan
antes de llegar a la ducha.

La palabra invade la palabra,
se bifurca en miles de palabras
agarradas a la realidad,
armadas de provocación.

La palabra
te obliga a sonreír.

DIARIO

La mujer mira a lo lejos.
La mujer en pijama, la mujer
sentada en la cocina.

La mujer sostiene una taza,
la mujer hojea el periódico.
La muerte venía de todas partes.

Las autoridades son incapaces
de decir quiénes son nuestros muertos.
Las vecinas aseguran
haber oído gritos de niños,
aunque de momento
no se han encontrado niñas tampoco.

La mujer vive sola.
La mujer enciende un cigarrillo.
La mujer llama por teléfono.
La mujer, incapaz de leer.

PENURIAS

Aprender a mirar de otra manera.

Francisca Aguirre

Quien no ha pasado hambre nunca
no reconoce el letargo que nos sujeta,
no abraza los sueños ni sus letras,
no se araña el rostro para empujar la vida.

La memoria no se olvida del pan duro
ni del huevo para tres,
días o hermanos,
ni de cómo baila el pantalón en la cintura
ni del grito ahogado y unísono de socorro.

Quien no ha pasado hambre nunca
es extranjero de cualquier patria
condenado a los dictados del mercado
que abusa con aplomo de su ignorancia.

Lo atestigua el olvido de su memoria
cuando cae la noche y no puede dormir.
Han hipotecado a plazos su futuro:
jamás dirán que tienen hambre.

LUCHA

Se oye la lluvia.

Absorbida por las noticias
se dirige a la ducha.

En el fondo le gustaría salir
desnuda a la calle,
pero las autoridades vigilan
como patriarcas amables.

Las gotas de agua
alivian preguntas sin respuestas
que estallan en su cuerpo
conciencia de estar viva.

MIRADAS

La mujer se viste.
No soporta estar sola.
Bebe un vaso de agua
como si fuera el último de su vida.

La calle le ofrece miradas
con otro sentido al suyo.

Miradas ambiciosas, inteligentes,
vacías, agresivas, soñadoras,
solitarias miradas.

Las miradas no distinguen
entre hombres y mujeres,
ni siquiera gente mala y buena.

Quizá sí,
aunque bajen la mirada.

INTROSPECCIÓN

Ahora, mírenme a mí...
Camino y converso a la vez,
asiento y sonrío en soledad
a través de ocurrencias imposibles.

Fantasías impermeables
que me abstraen en los semáforos.

Gestos que recuerdan a mi padre.
Aunque nadie sabe quién es,
la manera de meter las manos
en los bolsillos es solo suya.
La manera en que me agarraba
por el hombro, su paso lento.

Cruzo el semáforo, miro el móvil,
aligero el paso o no me tomo el café.

Llegar al trabajo es entrar en otra época,
leer las instrucciones y es vital
interpretar las miradas de las autoridades.

Entrar al trabajo con el mar al lado
es la mayor crueldad en días cálidos
que cualquier ser pudiera soportar.

Dan las ocho, el timbre suena.

ORA ET LABORA

Mi casa está llena de jóvenes
que alejan el vacío cada mañana.

Si sabemos imaginarlo, el futuro
se llena de una felicidad inquebrantable.

A veces, el azar nos provoca
y se llena de juegos crueles
que van arrancando los corazones
y escribimos en el pecho
cien veces: «No lo volveré a hacer,
no lo volveré a hacer...».

EL GRAN TEATRO DEL MUNDO

El espectáculo va a dar comienzo,
el aire púber ya viciado,
las libélulas se posan en las butacas,
la joven violinista entra en escena.

Una sábana nos aleja del mal,
y dos niños dibujan un falo
para recordarnos que el blanco
no significa paz, se encienden
los focos...

El director arranca la sábana
con rostro de estuche ochentero.

Miro el reloj, el timbre no suena.
Nadie suspende la función,
mañana nadie recordará lo sucedido,
el espectáculo continúa.

RUTINA

A esta hora del día
esas miradas inquietantes despiertan.

Tu voz sombría va apagándose.

Entre compañeros la distancia se instala.
Cambiamos en un abrir y cerrar
de almas nuestro punto de referencia.

Todos los días la misma rutina,
excepto festivos y vacaciones.

Te sumerges en los auriculares
porque no quieres hablar a nadie,
te preguntas en qué sentido va
la vida, todos los días la misma rutina.

Vuelves a descubrir la calle,
superficie cotidiana que nos asienta,
aunque siempre vayamos tan rápido.
Vuelves a tragar el pasado reciente
mientras tus ojos otean el horizonte.
No guardo nada rico que comer hoy,
no resisto el ruido.

Puedo hacer un día festivo,
comer fuera de casa.

La misma rutina, todos los días.

RURA(LES)

Si me hubieras dejado,
te habría dicho
que mi abuela vio
cómo el abuelo se enganchó
con las riendas del mulo
y se quedó sin pierna;
te habría dicho
que de pequeña me daba
miedo, mucho miedo.
Conforme fui creciendo
supe que era especial.

Si me hubieras dejado,
te habría dicho
cómo madre conoció
a mi padre
porque tiene una uña rota,
recuerdo de la siega,
que le dice que se despistó
mirando a un muchacho.
Te habría dicho
que se convidaron
a agua fresca de un botijo.

Si me hubieras dejado,
te habría dicho
que yo también cuidé la tierra,
recogí almendras bajo
los cielos tormentosos de agosto,
vendimié a finales de septiembre,
lo prueba mi primer corte en la mano.
Te habría dicho
que no me podían quedar asignaturas
en verano porque llegaba la cosecha
de albaricoques y melocotones.
Y en Navidad siempre volví
porque teníamos que peinar
los olivos y gozar de su fruto.

Si me hubieras dejado,
te habría dicho
que me he echado la siesta
debajo de un pino,
que he jugado con el barro,
que me he deslomado
cogiendo papas,
pero no me importa
porque he visto muchos
atardeceres en el campo.
Te habría dicho

que he nacido entre almendros
y que soy lo que soy
gracias a la tierra.

LA PUERTA

Las puertas y los frascos,
cubiertos de ceniza,
guardaban el perfume
de la melancolía.
María Elena Walsh

Golpeo con fuerza la puerta
porque me arrancan el alma
si me quedo,
qué si me voy.
Araño las paredes
con lágrimas,
no puedo gritar.

Creeréis que está cerrada,
pero no, otras fuerzas me sujetan,
caras desamables con la existencia,
rostros conocidos desde siempre.
Me resisto a tener que elegir,
parece que no hay otro modo,
me voy.

Continuamente echo la vista atrás,
aunque nadie alcanza a verme.
La puerta rota queda entornada,
ruinas de lo que pasó,
nadie la cerró, solo parecía
bloqueos de la mirada, la sonrisa
de una ilusión desmigajada.

Migajas que voy recogiendo
para volver a encontrar
una ilusión,
otra puerta abierta
o mi vida.

CERRADA (Variación I)

Morir no duele mucho:
nos duele más la vida.
Pero el morir es cosa diferente,
tras la puerta escondida.

Emily Dickinson

Si no recuerdo mal, me acogisteis
con los brazos abiertos,
con las ganas de sabernos,
con la ilusión ingenua de una chavala
que, si no recuerdo mal,
tocó vuestra puerta.

Si no recuerdo mal, me levanté
siempre en hora, colaboré siempre
las tareas, las horas y la guitarra
siempre estuvieron bien dispuestas,
tanto que, si no recuerdo mal,
entristecieron mis pasos, la cruz
me ahogaba.

Si no recuerdo mal, no me dejasteis
marchar, vuestro rictus metálico
cerró la única puerta, esa rendija
por la que veía el mar.
Si no recuerdo mal, pusisteis
mil cerrojos al sol.

ENTORNADA (Variación II)

Es inútil viajar, vagar a escondidas,
las ganas de gritar se desvanecen
y mirar atrás con rabia, sin querer
contemplando la ruina, su belleza,
y seguir corriendo sin puerto ni
destreza, sin comprender nada.

Es inútil permanecer inmóvil,
estatua visible de un parque
a quien nadie presta un minuto,
sin saber si arrastrarse o trepar
porque nadie la mira, así sin
nada más que el grito callado.

Es inútil perder el aliento, tanto
que nos haga perder el equilibrio,
por eso vivimos, por eso y por más,
que no solo de respirar se vive,
de cerrar y abrir puertas,
de descubrir alguna entornada.

ABIERTA (Variación III)

> *No hay persona que no resulte*
> *peligrosa para alguien.*
> Madame de Sévigné

Quédate y déjate,
quieres sumergir demasiado
rápido, el atardecer.
La puerta está abierta,
solo tienes que marcharte.

BLINDADA (Variación IV)

Acepta la espera que no siempre
hay lugar en el caos. Acepta la puerta
cerrada, el muro cada vez más alto,
el saltito, la imagen que te saca la lengua.
Blanca Varela

Una vez salí por esa puerta
y me juré a mí misma, que no
entiendo por qué hay que hacerlo,
que no volvería a entrar.

A cambio, perdí las ganas de llorar,
la ternura de un abrazo amable,
la atención de los míos y no míos,
la ilusión de una casa con chimenea,
la mirada ingenua de mis manos
vacías, como mi alma.

Seguí perdiendo, pero no volveré
a abrir la puerta, me lo juré.
Así he conocido la lluvia en mi cuerpo
desnudo y maltrecho, resistente,
he admirado pueblos y ciudades

como turista o como exiliada,
valga la paradoja,
he soñado con otras puertas
que aún están cerradas.

ACORAZADA (Variación V)

Nadie te va a abrir la puerta.
Sigue golpeando. Insiste.

Blanca Varela

Me revestí de valor, de soledad,
de agresividad y ternura
y salí a la calle, lejos de casa,
de todo, hasta de mí.

Me destruyeron, pisando una
y otra vez mi cabeza. Solo
me protegía el pecho por eso
de seguir respirando o amando.

Cómo pueden arrancarte la vida
y disimular su tremenda crueldad.
Cómo pueden seguir sonriendo
después de derribarme brutalmente.

Mi piel se cubrió con el canto que
emulaba de una lágrima que brotó
de la niña feliz y ausente al dolor
del silencio de mi tierra.

SIGNIFICADOS

El mar es una presencia obsesiva
que te saca y devuelve a las rutinas,
al capricho de las mareas
en connivencia con la luna.

Tiempo soleado, reflejos blancos
en el azul limpio de mitad de mayo.
Sentada en la terraza
dejo que las olas bailen con mis pies
al ritmo de la conciencia,
al dolor de la locura,
pequeños peces de luz y sombra.

Apoyando los brazos en la mesa
se dejaba mecer por el brillo intenso
de la cerveza, que parecía multiplicar
el significado de las palabras.

Cuando todas se agolpan
en las servilletas, hago un burruño,
pago la cuenta y me voy.

Solo la camarera rompe el silencio
con un «hasta luego, reina del mar».

SIN DESCANSO

Caminar por la ciudad
remansa las palabras,
las que llevo arrugadas
en el bolsillo del pantalón.

Al tiempo que llegan otras
viendo a la gente entrar, salir
de los pequeños comercios,
un paquete de chicles,
cuatro plátanos,
una crema hidratante,
la lotería de la semana,
el helado de vainilla,
las pastillas y el tabaco.

Entran y salen, salen y entran,
exhiben grandes bolsas,
descansan bebiendo o comiendo.

A los pocos minutos o metros
busco una calle tranquila
donde se apoya la belleza
en esas casas vacías, en ruinas.
El viento limpia todo escándalo
urbano y te devuelve la duda.

«Todos los vivos tienen dudas»,
me repito mientras con paso tardo
vuelvo a casa, lugar sin horario,
lugar para nadar sin descanso.

LECTURA VESPERTINA

La tarde se sucede
esperando alguna llamada,
ordenando papeles,
los importantes al cajón,
bien sabes que el tiempo
los depositará en la papelera.

El sol se desplaza por la habitación.
Como nadie te llama ni sabes a quién llamar...,
tiendes la lavadora, buscas un libro,
uno con quien conversar.

Como si de un ritual se tratara,
preparas el vino, una vela, la manta
y un libro.

Un libro dispuesto a zafarte de lo cotidiano,
a engullirte de la cabeza a los pies,
a despojarte extenuada sin más (ni menos).

Las palabras viajan entre mi cuerpo
y la casa, deletreando en cada rincón
el silencio.

La tarde cae, la tarde nada,
la tarde lenta... En la mesa,
una copa gastada y un libro.

NOCHE

La noche se abre paso y repaso
las cicatrices nuevas.
Las unto de aceites, germen
de trigo e incienso, rosas y coco.
El tiempo las hace transparentes,
no nos protege de sol y viento.

El mar se aleja, mezcla sus olas
de impaciencia y fatiga
con buenos modales,
avanza en retirada.

Miro mis arrugas concentradas,
gesticulo delante del espejo,
dibujo surcos de dicha y tristeza.

A veces sueño que la noche
se acuesta con el mar
para no sentirme tan sola,
beso a mi mujer,
apago la luz.

SUEÑOS

Tocar fondo, noche total.
Acariciar la angustia más íntima,
poner en bandeja los miedos,
declarar la guerra.

Vértigo de emociones,
crisis que se esfuman,
que prorrumpen en llanto,
en tu minuto de eternidad.

Las cicatrices se abren
como una cremallera,
y encajas la mandíbula,
arañas la piedra oscura.

Fragmentos humanos
escondidos en la cocina
se acercan silenciosos
al dormitorio.

Dan las seis de la mañana,
suena el despertador.

EL AZUL

En el principio todo era azul,
el azul inundaba cielo y mar,
era inmenso azul, azul vida.

Poco a poco,
los ojos se acostumbran,
el cuerpo se equilibra,
los pensamientos vuelven.

Imposible no sentir en azul,
penetra en nosotros,
las emociones se desbordan.

Lo importante es la profundidad,
la intensidad, la serenidad.
Lo importante.

Intenta beber un vaso de agua
todas las mañanas.

TOCAR FONDO

Cada vez que entro en la habitación
el mar me atrapa.
Procura una suerte de sensaciones
que llegan a confundirme.

El mar me inquieta,
nunca dejo de constatar
su grandeza y mi miseria.

No es fácil de manejar,
no lo puedes memorizar,
no acierto a vislumbrar
si hablamos de vida o muerte.

Sensación de vértigo,
de tocar fondo,
de profundidad
a pesar de estar en la orilla.

AHOGAR LAS LÁGRIMAS

El mar se traga mis lágrimas
y los cuerpos de miles y miles
que no aprendieron a nadar.

Tuve suerte, aprendí a flotar
siguiendo la corriente,
dejaba de resistir y flotaba.
Mi piel respiraba, el agua
me acariciaba.

Pero mi piel es blanca,
las autoridades me ofertaban
cursos gratuitos de verano,
me llevaron a la escuela,
me regalaron manguitos,
y después chalecos salvavidas.

Me daban de comer.

SOLEDAD VARADA

No hay mar suficiente
para devolver al mar tanta soledad.

Respiro.

Dolor terrible en la espalda,
en la parte baja de la espalda.
Demasiadas palabras responsables
de orden y disciplina.

Creía que las mareas las romperían,
que las olas las fagocitarían,
que al final quedarían varadas.

No es así,
tocada y hundida.

PISCINA AZUL

Crecí en el número dos,
avenida Libertad ahora,
antes carretera de la estación.

Había tren en mi pueblo,
aunque yo nunca lo vi,
lo que no tiene es mar,
terrible pérdida vecinal.

Para compensar, una bodega
de vino, después vendrían más.
Una tapia donde jugar y miles
de escondites terreros.
Unas vecinas encantadoras
que gritaban «¡*pa* casa ya!».

Los vecinos se repartían las cosechas,
marcona, amarga y mollar,
picuda, cornicabra y blanqueta,
tempranillo, monastrell y garnacha.
Los vecinos se ayudaban,
regalaban albaricoques y ciruelas
en verano, granadas y nueces
en otoño, y así todo el año.

Nuestros patios, si los teníamos,
llenos de aperos y conservas.
Solo un vecino tenía una pista
de tenis, ni azadas ni remolque.
Tenía una pista de tenis
y no nos dejaba jugar.

Hasta los nueve años
viví en el número dos,
pero no tenía mar.

Es por eso que la casa nueva
tenía una piscina pintada de azul.
Mientras padre y madre
levantaban la casa, ladrillo
a ladrillo, con sus manos,
mientras sus retoños
disfrutaban de lo más parecido
al mar.

CUENTA ATRÁS

Se nos acaba el tiempo,
no nos salen las cuentas.
Las cuentas de los abrazos,
las cuentas de la traición,
las cuentas de no hablar
de lo importante.

Se nos acaba el tiempo,
no nos salen las cuentas.
Las cuentas de aquello
que no supimos decir.
Las cuentas de aquello
que no supimos besar.

Se nos acaba el tiempo,
no nos salen las cuentas.
Las cuentas de nunca acabar,
las cuentas de Pulgarcito,
las cuentas del rosario,
las cuentas de la vieja.

Se nos acaba el tiempo
y no sabemos decir
cuántas han muerto en el mar,

cuántas en soledad,
cuántos silencios,
cuántas cuentas corrientes.

Se nos acaba el tiempo
y quiero estallar
como una cuenta atrás,
una bomba de relojería,
de racimo o de tiempo.

Se nos acaba el tiempo
y no nos salen las cuentas.

AFASIA

A mis casi cincuenta conocí que mi padre
lleva el nombre de su hermano muerto,
que adoraba a su padre, al que no recuerda
cigarrillo, mulo, botón, camisa...

También me dijeron que mi otro abuelo
era un bailaor de jotas excepcional,
en mi recuerdo sin pierna y con callao.

Mi tía ya no habla, mi tía ha adelgazado,
mi tía tiene un ojo cerrado,
se le va cerrando la vida. A veces,
sonríe, pero no sabemos por qué.

A mis casi cincuenta años he visto
el primer dibujo de mi madre,
no es poético, le dicen abuelidad.

Uno quiere ser maestro
de una escuela inventada
que hace a los mayores hablar.

MESA DE DOMINGO

No olvido de dónde vengo,
de campo, de pueblo,
de manos gastadas y espalda
que todo lo soportan.

De tormentas en verano,
de nieve en los tejados,
de noches abiertas.

No olvido de dónde vengo,
de becas para estudiar,
de trabajos temporeros
por no decir una barbaridad,
de monjas que olvidan,
olvidan de dónde vengo.

De desastres naturales,
de agua en el alma,
de silencios y peleas,
de hermanos y hermanas,
de mesa de domingo.

HERIDAS

Los demás están lejos de tu herida.

Marta Sanz

Es bonito ver dormir a las personas
que te quieren.
¡Cuántos días sin importancia!
Todo sigue igual, en apariencia.

Siempre el mar, la mar.
Perdona mi extravío, sigue igual,
sin magia, sin nostalgia, voy
con prisa, enmudezco.

Es bonito sentir la luz que
cicatriza.
¿Quién me ha quitado la silla?
Acaricio la noche, o eso creo.

Ahora sabes que debo quedarme.

DÍAS DE CARTÓN PLUMA

A veces tenemos días de cartón
mojado y sucio, como cuando
levantas una caja y todo cae.

Otras, son de agua en un cubo
de fregona varias semanas ya.

Entonces llega alguien y café con aroma,
chocolate con sal, colonia Nenuco.

Es el momento de preguntarse
qué hacemos que no le ponemos
música a esas plumas de colores
que acarician el alma.

A TU LADO

A la chica del mar

Déjame sentarme a tu lado,
torpemente acariciar la mano
que me abraza y abrasa,
y contarte, mientras escucho
el piar, el ladrar o el camión que pasa,
que el día ha sido tranquilo
o nervioso, qué más da,
que solo te pensaba,
que no voy a preguntarte
qué soñabas.
Es que nuestras miradas cómplices
lo dicen todo con una sonrisa.

Déjame sentarme a tu lado
y sentirte más pájaro que yo,
más brisa y caricia de mar,
y cultivar en la estación sin lluvia
la ternura que nos envolverá
todo el invierno.

Déjame sentarme a tu lado

y admirarte en silencio
como quien no sabe qué flor
silvestre crece entre las grietas
de cemento. Y que llegue
la luna, que se acerque
y que nos devuelva el día,
así, sin prisa.

Como la que tengo cuando
me siento a tu lado.

FUTURO INCIERTO

Hay que inventar la vida
porque acaba siendo verdad.
Ana María Matute

Siempre regreso a lo de entonces,
al tejido del mar, al abrigo de la tierra,
a los brazos de la lluvia serena
entre las manos de la brisa sincera.

Abrimos las puertas de par en par,
sacudimos el polvo de los temores
y tapamos los errores inútiles,
sin mayor descanso que lavarnos
la cara en la palancana de abuela.

Siempre regreso a lo de ayer,
a la calma de sus pies cansados,
al guiso lento, tardo, impasible,
a la siesta debajo de la higuera,
a la merienda del ejército
y las ronchas en las rodillas.

Así, sin inteligencia artificial
ni avance ni progreso,
salvo una palabra
contra el futuro.

CONFUNDIDADES

La vida está muy pero que muy confundida.
Es confuso el modo de nacer llorando,
confusa fue mi adolescencia,
de este momento podríamos escribir
largo y tendido.

Me confundieron al creer que creía
y poco después a que la independencia
era tener trabajo.

Mientras, sigo buscando la profundidad
de la vida y de la muerte,
hablo conmigo misma e intento ser
amable.

Me confunden las sonrisas aisladas,
las compañías fatuas, las personas
no personas y ciertos animales muy humanos,
pero esto me lo cuento a mí misma
para que no crean que ando loca.

Me confunden las Becas Quiero,
existen de verdad, y no me gustan
los regalos del banco, de vez en cuando,

y las ofertas tres por uno.
La vieja decía que nadie da duros a
cuatro pesetas. ¡Y qué razón!
Me confunden las alarmas meteorológicas,
dicen que desde la riada ya nada es igual,
ahora todo es por si acaso,
y te lo cobran como tal, por si acaso.

Me confunden como siempre,
no es actual la piel de cordero con rostro de lobo,
la paloma que va de sencilla,
la serpiente que juega a ser astuta,
y vuelvo a los mismos sitios de siempre.

Me confunden los amores difíciles
porque queriendo más siempre deseo menos
la sencillez y estabilidad que me sale
tan mal y ocurre tan sin sentido
que no entiendo absolutamente nada.

Me confunden aquellos discursos
que no quieren más que confundirte
a ti y a quienes te acompañan,
y hasta a los más lejanos porque mienten.
Abanico de pantomimas que olvidan
qué significa bañarse en la mar.

Me confunden los galimatías familiares
para justificar la bondad y la credibilidad
de lo que no es creíble
ni por consanguineidad.

Entonces busco cobijo
en una profundidad
que no alcanzo a arrebatarle
a la misma vida, a no ser
que la esa vida quiera confundirme.

Confundidades que no alcanzo
si alcanzar fuera la respuesta.

RESIDENCIA HABITUAL

La casa que me habita está triste,
no sabe cómo ordenarme
o si está mejor desordenada.

La casa que me habita está sola,
la perra muerta, su pelaje
se deja entrever en las alfombras.

La casa que me habita está enfadada,
en el jardín la albahaca espigada
y ya no crece el perejil.

La casa que me habita está fría,
el sofá se refugia en mi ombligo,
las ventanas no cierran.

La casa que me habita está feliz,
el mar rodea cada rincón
y las mañanas están abiertas.

La casa que me habita está acompañada,
todas las noches me abrazan,
durante el día también.

La casa que me habita es cálida,
el sol se dibuja tímidamente a los pies
de la cama y acaricia todo mi ser.

La casa que me habita dice quién soy,
todos los días hay que ventilarla
con palabras que signifiquen vida.

La casa que me habita se construye
cada día, cuando crees que todo
está construido, algo se desbarata.

La casa que me habita es azul
como aquella piscina,
como este mar.

OMNIPRESENCIA

El mar siempre está ahí, no se apaga
ni cierra a altas horas de la madrugada.

Ha guardado mis secretos más profundos,
la arena y la sal me han curado,
me ha mecido en mi llanto infantil.

He crecido con tu azul pegado a mis retinas,
poco importaba si estaba cerca o lejos de ti.

Todo aquello que te arrojé
me ha sido devuelto,
porque el mar no se queda con nada.

Tu inmenso poder me recubre
de calma y tempestad, de música
y conciencia, de olvido y existencia.

Mi mirada se volvió azul,
azules mis palabras,
mujer vestida de añil se apaga
si está lejos del mar.

NUNCA TE SALVARÍA DEL MAR

Cuando muera no me enterréis,
llevadme cerca del mar
y que florezcan los almendros,
instantes de felicidad.